RAITS POLITIQUES

DIX — NEUVIÈME SIÈCLE

3

LE GÉNÉRAL

CAVAIGNAC

PAR

HIPPOLYTE CASTILLE

Auteur de la Seconde République (1848 à 1852)

DEÚXIÈME ÉDITION

Prix : 50 centimes

PARIS

FERDINAND SARTORIUS, ÉDITEUR

9, RUE MAZARINE, 9

1856

C'est par erreur matérielle
que je suis porté comme absent
au moment de vote. j'ai
voté pour le renvoi au conseil
d'État — me trouvant trop loin du
11 heures porteur de l'urne
bulletin y a été depuis porteur
prié par Mr. Saillet mon
collègue —

g.ᵉ Mavaignac

LE GÉNÉRAL

CAVAIGNAC

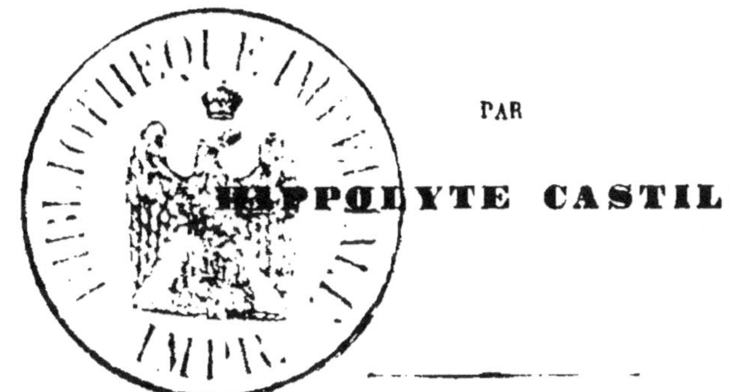

PAR

HIPPOLYTE CASTILLE

PARIS

FERDINAND SARTORIUS, ÉDITEUR,

9, RUE NAZARINE, 9

1856

PARIS. — IMP. SIMON RAÇON ET COMP., RUE D'ERFURTH 1.

LE
GÉNÉRAL CAVAIGNAC

« Eugène Cavaignac est un officier instruit, ardent, zélé, susceptible d'un grand
dévouement, qui, joint à sa haute capacité,
le rend propre aux grandes choses et lui
assure de l'avenir, si sa santé n'y met
obstacle. »

*(Note du maréchal Bugeaud à la sortie
de Tlemcen.)*

Ce n'est pas précisément la santé qui a mis
obstacle à l'accomplissement de ces grandes
choses prédites au général Cavaignac dans
l'horoscope du maréchal Bugeaud.

C'est qu'en dehors du terrain militaire,
dont il n'aurait jamais dû sortir, M. Eugène
Cavaignac fut loin de se trouver à la hauteur

de sa tâche. C'est qu'au sommet du pouvoir la spécialité est un détail, le talent un accessoire, l'instruction une aide, le dévouement une vertu, l'ardeur un danger, le zèle un défaut. C'est qu'en un mot, pour gouverner un grand peuple, il y a une condition supérieure à l'instruction, à l'ardeur, au zèle, au talent, au dévouement lui-même : — le *caractère*.

Or, excepté dans les choses de sa profession, le général Cavaignac manqua de caractère.

Arrivé à la dictature sur une montagne de cadavres, il s'aperçut trop tard qu'on peut être un excellent général de division et un mauvais homme d'État ; ou plutôt il ne comprit pas son insuffisance, et épuisa dans une lutte stérile, sans éclat, pour conserver un pouvoir cruellement acquis, le rapide enthousiasme d'une garde nationale versatile et la reconnaissance du coffre-fort.

Les passions politiques de celui qui écrit ces lignes sont bien apaisées aujourd'hui. Depuis Juin 1848, huit années déjà ont neigé sur nos cœurs ; elles ont bien glacé ce sang dont l'ardeur passe des veines de l'écrivain convaincu jusque dans l'encre de sa plume.

Aussi est-ce avec un profond sentiment de mélancolie et de compassion que j'esquisse les traits de ce visage pâle, couronné des lauriers rouges de la guerre civile.

Le général Cavaignac doit se sentir actuellement si accablé sous le poids de ses revers, et surtout sous le poids de son énorme erreur, que les morts de Juin eux-mêmes, s'ils sortaient, au crépuscule, de ces fosses communes où ils dorment mal et s'en venaient errer à travers Paris, comme les spectres dans Jérusalem, les morts de Juin, dis-je, le regarderaient passer sans haine.

Un jour, le général Cavaignac, subissant la loi commune, entrera dans le monde des esprits et se dirigera vers le tribunal de Dieu. Des milliers d'ombres le suivront : la bande farouche des pères, des frères et des époux ; puis le chœur lamentable des veuves, des orphelins et des vieillards. Mais tous diront à Dieu : Pardonnez-lui, Seigneur, il ne savait ce qu'il faisait.

Il ne savait pas qu'en laissant grandir l'insurrection pour la foudroyer d'une manière plus éclatante il dégoûtait de la République la France épouvantée de tant de sang répandu. Or le général Cavaignac n'eût pas voulu tuer la République. Comme la plupart des militaires, il manquait de convictions politiques; mais il avait aussi de l'officier français l'honneur et la probité.

Je ne doute pas que le général Cavaignac n'eût, sans hésiter, sacrifié ses rêves ambitieux au salut de la République, non pas qu'il fût réellement républicain, mais parce que pour lui la République était une consigne.

Dépourvu de foi politique, irrésolu, vacillant, connaissant mieux l'Afrique que la France, sans passé aux affaires, sans génie gouvernemental, il s'est trouvé, par une série de circonstances fatales que l'histoire de sa vie va nous révéler, amené à souhaiter le pouvoir et à se le faire décerner sans être apte à l'exercer; à faire de la violence dans un pays qui avait besoin de conciliation, et, finalement, à appliquer à la politique française un régime de caserne, des répressions de bagne, une justice de conseil de guerre. Il a fait qu'après lui l'exercice du pouvoir et le maintien de l'ordre n'étaient possibles en France qu'à la condition de continuer ce système de rigueurs qui peut, à la longue, en abaissant les âmes, dégrader le génie d'un peuple.

Ce n'est pas évidemment ce qu'a voulu le général Cavaignac.

Telles sont les conséquences du déclassement des aptitudes. Se mêler de ce qu'on ne sait pas faire, c'est marcher à un abîme et y entraîner avec soi le pays, le groupe ou la famille qui ont été assez insensés pour accepter un chef incapable de les diriger.

La fatalité est pour quelque chose dans ces graves inconséquences de la vie de M. Louis-Eugène Cavaignac. Né à Paris, le 15 octobre 1802 [1], d'un père conventionnel, il est

---

[1] Fils de Jean-Baptiste Cavaignac et de Julie-Marie Olivier de Corancez.

en même temps frère cadet d'un homme dont la mémoire reste chère à tous les cœurs républicains. Je veux parler de **M.** Godefroy Cavaignac, qui, avec Armand Carrel, répandit sur le parti de la République une considération dont ce parti avait besoin.

Il y a des enfants que, dès le berceau, leurs parents vouent au *bleu* ou au *blanc*. **M.** Cavaignac, par son père d'abord, par son frère plus tard, fut voué à la République.

La parenté nous fait ainsi, jusque dans la démocratie, des aristocraties qui obligent, et contrarient parfois ou nos inclinations ou notre carrière. Ce fut un des malheurs de l'existence de **M.** Eugène Cavaignac. Avocat ou journaliste, il eût pu se former des convictions républicaines et acquérir des notions politiques qui eussent maintenu l'harmonie entre ses aptitudes et sa destinée, vouée au républicanisme quand même.

Malheureusement on le mit à l'École polytechnique, — je dis malheureusement, parce que, nous le verrons de reste, les fautes et les revers de **M.** Cavaignac, le mal qu'il a fait à la seconde République française, tiennent à cette contradiction.

Ses études, à l'École polytechnique, ne furent point, dit-on, très-brillantes. Entré le 1ᵉʳ octobre 1820, il en sortit deux ans après pour entrer, comme sous-lieutenant élève, à l'École d'application de Metz, où il passa trois années. Il fut admis ensuite, en qualité de sous-lieutenant, dans le 2ᵉ régiment du génie.

Lieutenant en 1826, M. Eugène Cavaignac eut d'abord l'heureuse chance de prendre part à une guerre d'indépendance. Il fit, en 1828 et 1829, la campagne de Morée. La France, aujourd'hui turcophile, était alors philhellène. Le système russe n'était pas encore démasqué. Le sens caché des hétairies, de l'orthodoxie, des protectorats et du panslavisme, peu connu encore aujourd'hui du public français, ne l'était même pas alors de la diplomatie.

Les Grecs d'ailleurs combattaient pour la juste cause de leur indépendance. La France et l'Angleterre, en les appuyant, obéissaient à un sentiment d'équité. Elles ne pensaient pas qu'il leur faudrait un jour soutenir de leurs armes cet empire ottoman, contre lequel on soulevait alors l'animadversion de toutes les âmes sensibles.

Un jeune officier patriote comme l'était alors M. Eugène Cavaignac ne pouvait donc débuter dans des conditions plus conformes à ses destinées vraisemblables [1].

Des événements d'une bien plus haute importance que l'expédition de Morée surprirent M. Eugène Cavaignac au milieu de sa vingt-huitième année. La Révolution de juillet 1830 éclata. Le parti républicain espéra un moment. Il ne tarda pas à comprendre que le caractère de la Révolution de juillet n'avait qu'un rapport très-indirect avec l'idée démocratique.

[1] A l'instar des officiers autrichiens, prussiens, anglais, etc , M. Cavaignac aurait pu apprendre en Grèce quelque chose de la question d'Orient. Nous verrons combien ces notions qu'il négligea de récolter sur un terrain aussi instructif lui firent défaut lorsqu'il arriva au pouvoir suprême.

Dépouillé du prestige révolutionnaire et de l'enivrement qui s'empare pendant huit jours des Français chaque fois qu'ils parviennent à renverser leur gouvernement, le sens réel des journées de Juillet se dégagea. Ce n'était qu'une consécration suprême de l'avénement des classes moyennes, ou, si l'on veut, de la bourgeoisie, poursuivant depuis la Constituante, sous tous les régimes et contre tous les régimes, contre la République de 1792, contre l'Empire, contre Louis XVIII, contre Charles X, la garantie de ses conquêtes de 1789, et, non contente d'avoir absorbé les biens de la noblesse et du clergé, voulant, sous des formes ingénieuses, en reprendre à son profit les priviléges et gouverner définitivement la France.

Le roi Louis-Philippe n'était que l'instrument intelligent de cette vaste complicité. Il devint le chef des deux cent vingt-deux mille censitaires du système électoral qui s'est brisé en 1848.

Le parti républicain ne s'y trompa pas.

Disons-le pourtant avec une entière franchise, les chefs du parti républicain en 1830, tels que MM. Armand Carrel, Godefroy Cavaignac, Armand Marrast, etc., n'étaient que des expressions plus pures, plus élevées, du gros bataillon de la bourgeoisie, qui, si bien douée sous le rapport des talents de toute nature, allait vendre son âme au diable pour des lignes de chemin de fer, des rubans rouges et des emplois.

Les républicains de 1830 se fussent contentés, en matière gouvernementale, de la forme républicaine adaptée à un régime parlementaire, où en fin de compte la richesse, l'intrigue et ce qu'on nomme en mauvais français quelques talents de société, finissent par exercer, au détriment du juste et du vrai, une prépotence considérable. Quant au prolétariat, ils se seraient bornés à lui octroyer, comme le fait le sultan Abdul-Meldjid à l'égard des rayas, des droits politiques [1].

[1] On connaît le mot de Fuad-Pacha à propos de ces droits politiques accordés aux rayas : « On plante un arbre aujourd'hui, mais il faut cinquante ans pour qu'il porte des fruits. »

Sans doute les droits politiques sont les premiers, les plus imprescriptibles de tous les droits; mais nous avons appris depuis que les avantages *positifs* qu'ils confèrent se réduisent à peu de chose, et que s'arrêter là c'est peut-être faire sentir plus vivement aux classes laborieuses l'infériorité de leur condition et le néant des formules.

Les jeunes républicains bourgeois de 1830 n'élevèrent jamais leurs conceptions politiques jusqu'à l'idée d'une archie où le prolétariat, associé à la condition intellectuelle, au bien-être et à la stabilité des hautes classes, sans perdre son caractère de prolétariat, pût devenir à la fois la base et l'instrument du pouvoir.

Ajoutons bien vite que si, sous le fumier socialiste de 1848, d'ardentes, mais vagues aspirations de cette nature ont pu germer, rien de pratique n'a su éclore. Parmi les chefs de cette nouvelle phalange révolutionnaire, il n'y en a pas un seul qui soit en mesure d'établir, je ne dis pas un système, — un système est toujours une impossibilité, — mais de fournir quelques indications réalisables.

Tel était donc le milieu où M. Eugène Cavaignac a pu prendre les quelques notions politiques qu'il a conservées de 1830 à 1848 dans son havre-sac de campagne. J'ai insisté sur ce point, parce qu'il atténue un peu l'horreur de son rôle en face du prolétariat, auquel il n'a rien compris, et son incapacité au pouvoir vis-à-vis d'une révolution posée à l'intérieur et à l'extérieur d'une façon si différente de la Révolution de 1830.

Le gouvernement de Louis-Philippe nomma pourtant M Eugène Cavaignac capitaine dès le 1ᵉʳ octobre 1830. Mais, monté à l'unisson du mécontentement de son frère Godefroy et du parti républicain, il devint au début du règne un officier de l'opposition. Il adhéra au projet d'association nationale. Son colonel lui ayant, à la suite de quelques questions écrites sur ses projets de conduite, adressé l'interpellation suivante : « Si le régiment avait à se battre contre les républicains, vous battriez-vous? » Il répondit : « Non. »

Il est à regretter qu'en 1848 M. Cavaignac ait oublié la réponse faite à son colonel en 1830.

On avait, sous Louis-Philippe, à l'égard des militaires mal pensants, une manière d'agir assez singulière : le ministère de la guerre les arrachait aux douceurs de la garnison et les envoyait en Afrique. L'Afrique, c'est-à-dire la guerre, avait l'air d'une punition[1]. On s'accoutumait à l'avancement par rang d'ancienneté et par influence électorale. La paix à tout prix passait dans les mœurs militaires ; ce qui peut-être contribua beaucoup à laisser croire en 1848 à l'Europe qu'il n'y avait plus d'armée française et engagea la Russie à en faire l'épreuve en 1853 au moyen d'une guerre restreinte.

Mais, pour les officiers de la trempe de M. Eugène Cavaignac, et, disons-le, pour la plupart des officiers français, la guerre d'Afrique avec ses périls, ses fatigues et ses misères, c'était le meilleur théâtre qu'on pût offrir à leurs aptitudes. Sous le règne de Louis-Philippe, l'armée française fut heureuse de trouver encore un terrain où elle pût conserver

---

[1] L'Afrique était à l'armée française ce qu'est le Caucase pénitentiaire à l'armée russe.

l'habitude des armes et le dépôt des traditions des mœurs militaires [1]. Très-inférieur au point de vue de la colonisation, notre génie militaire a du moins trouvé à s'exercer sur le sol africain et a maintenu nos armes à la hauteur de toutes les éventualités de l'avenir. La guerre d'Orient l'a prouvé.

Ici commence donc la période brillante de la carrière de M. Eugène Cavaignac. Placé dans son véritable élément, il déploya les hautes qualités militaires qui l'ont mis au premier rang de l'armée française.

Ceux qui ont connu le général Cavaignac sur le champ de bataille savent quelle intelligence et quelle énergie il déployait dans l'action. Ils ont pu admirer ce flegme inaltérable qui, dans l'homme de guerre réellement digne de ce nom, domine les inspirations du courage On l'a vu à Oran en 1833, à Mascara en 1834, et à Tlemcen en 1836, étonner par l'ensemble de ses vertus militaires des géné-

---

[1] Voir la brochure du duc d'Aumale sur les zouaves et les chasseurs d'Afrique.

raux consommés comme le maréchal Bugeaud.

Par des motifs que je m'explique mal et qui d'ailleurs sont étrangers au sujet qui nous occupe, le maréchal Clausel avait laissé le capitaine Cavaignac à la tête d'une poignée de braves dans Tlemcen.

Il faut se souvenir de ce qu'était alors cette petite ville arabe, oubliée dans le désert comme une île au milieu de l'Océan. Des nuées de tribus ennemies erraient sans cesse autour de cet avant-poste. Privée de secours et de moyens de communications avec l'armée, la petite garnison, sans cesse en alerte, dut, par ses seules forces et sa seule vigilance, contenir une population hostile et combattre l'ennemi du dehors.

Quiconque a lu les merveilleux récits des prouesses des premiers colons d'Amérique, menacés par les hordes sauvages que la civilisation vint surprendre dans les forêts et refouler devant elle, peut se faire une idée de la situation du capitaine Cavaignac et de sa petite garnison dans Tlemcen.

Cette situation se prolongea durant dix-huit mois. M. Cavaignac avait trouvé moyen, pendant ce temps, de gagner l'affection des habitants, d'élever des casernes, des hôpitaux, et d'améliorer l'état de la ville. On le nomma chef de bataillon aux zouaves, le 4 avril 1837.

Moins célèbres qu'ils ne le sont aujourd'hui, les zouaves étaient déjà alors, ce qu'on les a vus sous les murs de Sébastopol, l'expression la plus endiablée du courage et de la gaieté du Parisien-soldat. MM. de Lamoricière et Cavaignac ont eu la bonne fortune de servir dans ce corps essentiellement populaire.

Un acte d'une délicatesse et d'une générosité exquises conquit en outre au capitaine Cavaignac l'amour du soldat. Il refusa d'accepter le grade de commandant tant qu'on ne réparerait pas l'oubli commis envers ses compagnons d'armes laissés sans avancement.

Il appartient aux historiens de nos guerres d'Afrique de retracer les divers combats auxquels M. Eugène Cavaignac prit une part si brillante. Nous dirons seulement que, jeté sans cesse avec ses *mâcheurs de poudre,* comme les nommaient les Arabes, dans des affaires d'avant et d'arrière-garde, peu d'officiers ont eu autant d'occasions d'aller au feu que M. Cavaignac. Il suffit de citer l'affaire d'arrière-garde de Cherchell, en 1840, où il se battit durant douze jours, et où il reçut, le 29 avril, une forte contusion à la cuisse droite.

Contusionné une seconde fois, le 5 mai 1841, à la retraite de Milianah, nous le retrouvons ensuite au passage des défilés de l'Oued-Fodda, où le général Changarnier, ridicule à Paris, au 13 juin et sous la Législative, se couvrait alors de gloire.

Mais n'est-ce pas, en effet, quelque chose d'absurde à imaginer que la transplantation brusque, instantanée, de ces trois généraux africains, Cavaignac, Lamoricière, Changarnier, en plein Paris, le lendemain du renversement d'un trône et de l'installation d'une république, au milieu du plus inextricable gâchis politique qu'il soit possible de rencontrer?

A travers les péripéties de cette vie guerroyante, M. Eugène Cavaignac avait été successivement promu, le 21 juin 1840, au grade de lieutenant-colonel ; le 11 août 1841, au grade de colonel ; et enfin à celui de maréchal de camp, le 16 septembre 1844.

La grande levée d'Abd-el-Kader proclamant la guerre sainte surprit M. Cavaignac au milieu de la colonisation d'Orléansville. Ce fut l'occasion d'une nouvelle guerre qui dura jusqu'au 30 mars 1846. L'expédition dans l'Atlas, à cent lieues de Tlemcen, suivit de près la soumission des rebelles du désert d'Angad.

Abd-el-Kader fait prisonnier, la guerre se calma.

M. Cavaignac fut nommé, en remplacement de M. de Lamoricière, au commandement de la province d'Oran. Là, il continua avec vigueur ces travaux de colonisation militaire qui furent le rêve du maréchal Bugeaud. On sait que le maréchal abusait du type imaginé par l'opposition sous la Restauration, et se plaisait à répéter : « Je suis un soldat laboureur. » M. Cavaignac devint, lui, un soldat colon, comme au temps de Trajan.

Jusqu'à présent, voilà une carrière vaillamment et utilement remplie. Nous entrons dans l'année 1848. Le général de brigade Eugène Cavaignac a quarante-six ans. Pendant vingt-quatre années, il a servi son pays avec honneur, avec intelligence, sans qu'on puisse lui reprocher une seule faute appréciable. Il a vécu, grandi dans la sphère qui convient à son éducation, à ses goûts, à ses aptitudes militaires. Il est aisé de prévoir que le jeune général de brigade atteindra un jour, par la progression normale des services rendus et des récompenses qui en sont le fruit, aux plus hautes dignités de la hiérarchie militaire.

Peut-être, sans l'erreur et sans l'enchaînement de circonstances qui le détournèrent de sa carrière, peut-être eussions-nous vu M. Cavaignac rentrer dans Paris maréchal de France, au retour de Crimée; peut-être eût-il achevé ici, environné de l'estime, de l'affection et de l'admiration de ses concitoyens, une loyale carrière de soldat.

Il faut bien qu'en vérité nul ne soit indispensable, pour que Sébastopol ait pu être prise sans le concours de brillants généraux comme MM. de Lamoricière, Changarnier, Bedeau, Cavaignac et le Flo. Mais qui sait si avec eux on n'eût pas pris Cronstadt et Pétersbourg?

M. Cavaignac commandait, depuis deux mois, la province d'Oran, lorsque le bruit de la proclamation de la République à Paris se répandit en Afrique. « Dans six mois, nous aurons Henri V! » dit le général en apprenant cette nouvelle, qui aurait dû le combler de joie.

Quinze ans auparavant, M. Cavaignac eût sans doute salué avec enthousiasme la naissance de cette République qu'il avait tant de motifs d'aimer. Mais un général de brigade ne raisonne pas comme un simple capitaine. Parvenus au rang d'officiers supérieurs, les militaires deviennent presque tous aussi conservateurs que des préfets. Dans l'armée comme dans la marine, dans l'administration ou la magistrature, il existe à l'échelle de la hiérarchie un degré où les intérêts de la carrière l'emportent décidément sur les considérations politiques.

Pauvre humanité, dont la *condition* fait souvent presque tous les frais des mérites ou des crimes !

A mesure que M. Cavaignac s'était élevé dans les grades militaires, ses rapports avec le parti républicain étaient devenus plus rares et plus froids. Ils n'avaient même lieu, dit-on, que par intermédiaire. Madame Cavaignac, mère du général, était à peu près le seul trait d'union qui le rattachât à ce parti, si faible encore le 22 février 1848.

La République apportait au frère de l'ancien chef de la *société des Saisons*, sa nomination au grade de général de division et au poste de gouverneur général de l'Algérie.

Le gouvernement provisoire avait craint un coup de main des princes de Joinville et d'Aumale. C'était mal connaître ces jeunes gens. Trop bien instruits de la déplorable politique de leur père, sa chute les surprit moins qu'elle n'étonna ceux qui venaient de le renverser. Officiellement informés le 2 mars par M. Arago

et par l'amiral Baudin, ils se retirèrent le lendemain.

Le gouvernement de l'Algérie resta donc
un moment aux mains du général Changarnier, qui commandait sous le duc d'Aumale.

Le hasard plaçait ainsi, dès le lendemain de
Février, sur cette lointaine terre d'Afrique où
ils avaient si longtemps vécu, deux des principaux acteurs du drame de la seconde République française.

M. Changarnier ne remit pas de très-bonne
grâce le commandement à son successeur. Il
le laissa prendre sa place, rien de plus. La
plus simple politesse l'obligeait à se porter
au-devant du nouveau gouverneur. Il s'en dis-
pensa.

Peu rassuré, comme on l'a vu, sur l'avenir
de la République, le général Cavaignac crut
peut-être aussi prudent que modeste d'attri-
buer sa nomination au souvenir de son frère.
C'est ce qu'il fit dans une proclamation adressée aux habitants de l'Algérie.

Ici commence le revers de cette belle mé-
daille militaire, qui contient d'un côté, comme

le bouclier d'Achille, tout un poëme de batailles. — Le revers, c'est la politique.

On reconnaît encore les traits du héros dans le bas-relief macaronique et sanglant dont nous allons donner l'esquisse, mais c'est un héros halluciné, en proie au vertige. A l'instar de Roland devenu fou, il a tué son cheval, la République, et traîne son cadavre mutilé à travers les ronces et les rochers.

Le premier acte de M. Cavaignac fut de faire enlever la statue du duc d'Orléans, dont la mort tragique et le caractère cordial avaient laissé en France un souvenir sympathique et attristé. A Paris, conserver cette statue dans la cour du Louvre eût été un non-sens; mais l'ôter à Alger, c'était insulter gratuitement une tombe.

La population s'indigna, et le général fléchit devant l'émeute. La statue fut replacée. Seconde faute, où se trahit l'un des plus grands défauts du vainqueur de Juin : l'irrésolution.

Comment un officier aussi ferme à la tête d'un régiment a-t-il pu apporter en politique autant d'hésitation et d'incertitude? C'est là un des mystères du caractère humain dont nous devons tirer la conclusion qui nous a en même temps servi de point de départ, à savoir : que la plus grande des fautes est de sortir du cercle de ses connaissances et de ses instincts.

Ces scènes malheureuses se renouvelèrent. Le général, ayant cru devoir céder aux sollicitations de quelques patriotes, assista à la suspension solennelle d'un bonnet phrygien aux branches d'un arbre de la liberté. Cet insigne républicain fit sur la population orléaniste de l'Algérie l'effet que produit un épouvantail sur une volée de moineaux.

M. Cavaignac fit ôter le bonnet.

La statue enlevée, il ne fallait pas la remettre. Le bonnet pendu, il ne fallait pas le dépendre. — Deux fautes valent mieux que quatre. — La statue enlevée et le bonnet phrygien arboré, c'était au moins une politique. Le reste n'était plus que du tâtonnement sans politique.

Le 20 mars, le Gouvernement provisoire

nomma le général Cavaignac ministre de la guerre. Dans une réponse spécieuse, celui-ci déclina l'honneur qui lui était fait.

Animé de réelles convictions républicaines, le général n'eût pas hésité à accepter. Désarmé de cette foi qui jetait en avant de vieux généraux comme MM. Subervie et Leydet, il dut craindre, si le gouvernement de la République venait à succomber, de compromettre ce qu'il nomme dans sa réponse une « conviction de soldat *déjà avancé dans la carrière* [1]. » — Nous n'avons pas le droit de modifier cette fâcheuse parole. Mais il est impossible de ne pas remarquer combien sonne singulièrement le mot de *conviction* accolé à celui de *carrière*.

Que le lecteur daigne ici nous prêter toute son attention. Il sent déjà que c'est un grand procès qui s'instruit dans ces humbles pages, le procès d'un homme considérable par son passé militaire, par la dictature qu'il a exercée, par le nombre de suffrages dont la France

[1] Lettre du général Cavaignac au Gouvernement provisoire. — Alger, 27 mars 1848.

l'a honoré ; et ce procès, considérons-le comme le plus grave de tous, puisqu'il est porté devant les assises de l'opinion publique.

Un républicain très-modéré, qui, lui aussi, a donné des gages à ce qu'on nommait, en ces temps de factions, le *parti de l'ordre*, un professeur, un écrivain des écoles philosophiques en bonne odeur dans les salons, M. Barthélemy Saint-Hilaire, avait, avant nous, porté cette cause au tribunal de l'histoire. Sa voix a été étouffée, parce qu'alors le général Cavaignac était à l'apogée du succès. Il n'était pas permis d'ôter un des rayons de l'auréole du héros de Juin. L'Assemblée constituante ne pouvait pas se déjuger. Elle craignait, en outre, de fortifier ainsi la candidature du prince Louis-Napoléon Bonaparte, qu'elle voulait écarter.

M. Barthélemy Saint-Hilaire fut vaincu.

La Commission exécutive, repoussée au fond de cette tombe d'où elle s'était levée pour protester au moins devant l'opinion abusée et l'histoire travestie, se tut.

Nous reprenons aujourd'hui, dans un pur intérêt historique, on le conçoit de reste, cette thèse qui put être étouffée par les clameurs des constituants, mais dont la lumière (les votes l'ont prouvé) pénétra dans les consciences.

J'aborde publiquement, pour la seconde fois, ce pénible sujet ; mais cent autres fois je l'ai remué dans ma conscience, et toujours, avec une conviction plus forte, ma conscience, comme celle de MM. Barthélemy Saint-Hilaire, Garnier-Pagès, Ledru-Rollin, a répondu : Il est coupable.

Je n'ai été ni emprisonné, ni blessé, ni transporté ; je ne me suis pas mêlé à cette affreuse guerre civile ; je n'ai eu ni frère, ni sœur, ni père, ni mère, ni amis fusillés. Je n'apporte aucun sentiment personnel dans cette instruction Je sais, enfin, que je vais dire des paroles graves. Et je continue avec la certitude de la pureté de ma conscience, avec la certitude aussi qu'en ce moment, lecteur, tu as l'œil sur moi, et que tu es prêt à me flétrir si je m'écartais un seul instant de la ligne d'une austère bonne foi.

Le Gouvernement provisoire fut profondément blessé du refus du général Cavaignac. Ce refus, en de telles circonstances, discréditait un pouvoir déjà sans force. Pour qu'un général de brigade dont il venait, par faveur, de faire un général de division, refusât le portefeuille de la guerre, il fallait que le Gouvernement de février offrît bien peu de surface. Le public du moins devait tirer cette conclusion.

Si la reconnaissance n'était pas une vertu exclue du domaine de la politique, on pourrait dire que le général Cavaignac fut ingrat envers le Gouvernement provisoire. — Carrière et conviction ! — Nous ne voyons dans tout cela qu'une simple absence de principes républicains et de foi dans leur application en France.

M. Marrast se montra le plus indigné des onze membres du gouvernement. On se borna pourtant à *enjoindre* au général, dans une réplique amère, de rester en Afrique.

M. Cavaignac accepta le 17 mai ce qu'il avait refusé le 20 mars. La nation s'était prononcée par l'organe de ses représentants. Elle avait proclamé la République; les scrupules du général n'existaient plus.

L'idée du pouvoir suprême ne s'était peut-être pas encore éveillée alors dans l'âme du général Cavaignac. Il en trahit pourtant les jalouses précautions dans sa lutte contre le général Baraguay-d'Hilliers, nommé, au 17 mai, commandant en chef des troupes chargées de protéger l'Assemblée nationale. Par une ordonnance du président de l'Assemblée, ce commandement fut placé sous les ordres du ministre de la guerre. M. Baraguay-d'Hilliers donna sa démission.

Le général Cavaignac se hâta ensuite de dissoudre la commission de défense nationale, composée des principaux généraux de l'armée, et contre laquelle s'était brisé un vieil et honorable général républicain, M. Subervic.

Le ministère, ou plutôt le ministre de la guerre, se trouva dès lors sur un terrain parfaitement déblayé.

J'entre ici dans la phase importante de l'analyse à laquelle je soumets les actes du général Cavaignac. Ils se rattachent si étroitement à l'histoire du temps, qu'un mot sur la situation devient indispensable.

La Constituante siégeait depuis vingt jours à peine. Elle avait déjà essuyé l'émeute du 15 mai. Or jamais peut-être les conspirations ne furent plus actives en France que dans les trente-sept jours compris entre le 15 mai et le 22 juin 1848. Le pouvoir exécutif et le pouvoir législatif en étaient au début de cette lutte acharnée qui devait se terminer par le coup d'État du 2 décembre. La Commission exécutive, composée de MM. Lamartine, Arago, Ledru-Rollin, Marie et Garnier-Pagès, avait hérité de toutes les faiblesses du Gouvernement provisoire. On y retrouvait aussi les derniers réseaux de ses complots.

Cette commission était encore trop républicaine pour le tempérament de l'Assemblée, qui songeait à s'en défaire.

Méprisée du peuple, insupportable à l'Assemblée, sans homogénéité, sans crédit, la Commission exécutive devait naturellement songer aux moyens de se fortifier par la concentration.

A l'Assemblée, à la Commission exécutive comme dans le peuple, le plus grand besoin du moment, à cette époque d'anarchie, était de constituer un pouvoir fort. Les ambitions personnelles, surexcitées par le sentiment d'un remaniement prochain, s'agitaient.

Tout cela donnait naturellement lieu à un tissu d'intrigues qu'on désigne en politique sous l'honnête dénomination de *combinaisons*.

La Commission exécutive avait formé des combinaisons qui toutes échouèrent, parce que, toutes consistant à fortifier le pouvoir par élimination, nul n'avait voulu s'éliminer.

Il est curieux de noter qu'une des combinaisons de cette commission avait été de choisir *un chef militaire*. Le besoin du sabre se faisait déjà sentir.

Cependant l'Assemblée s'impatientait. M. Marrast, voyant que la commission tardait trop à se suicider, forma, avec MM. Crémieux, Sénard, Portalis et Landrin, un laminoir qui devait, en saisissant MM. Louis Blanc et Caussidière, entraîner à leur suite MM. de Lamartine et Ledru-Rollin, et démembrer la Commission exécutive.

De mémoire de jésuite on n'a jamais tant calomnié en ce monde qu'à l'Assemblée, à cette époque.

On sait que l'intrigue tomba misérablement, malgré la *jatte de lait empoisonné* que servit à M. Louis Blanc M. Jules Favre.

Mais de toutes ces causes et de beaucoup d'autres, trop longues à rapporter ici, il résulta un redoublement de fureur parmi les factions, et la France entière, la France de toutes les classes et de toutes les opinions, s'écria comme un seul homme : *Il faut en finir!* On conçoit dès lors qu'il ne s'agissait plus que de trouver le prétexte du combat. La dissolution des ateliers nationaux fut ce prétexte.

Voilà sur quel terrain se trouvait jeté le général d'Afrique devenu, par le coup de baguette de la fée des révolutions, ministre de la guerre. Il ne s'agit plus que de le suivre à travers les complications que nous venons d'indiquer.

Le 10 juin la pensée du général est formée :

« Je voue à l'exécration publique quiconque portera une main sacrilége sur la liberté du pays ! Oui, citoyens, je le voue à l'exécration publique ! » — C'était dire à la France : Moi et Napoléon.

Le 12, le général Bedeau reprend ce thème. On pressent une faction Cavaignac.

Comment en douter, le lendemain 13, quand M. Babaud-Laribière, qui venait honnêtement de défendre la Commission exécutive battue par les fureurs parlementaires, se voit, en descendant de la tribune, accosté par M. Ducoux, qui lui dit : « Qu'avez-vous fait ? vous avez soutenu la Commission exécutive, vous êtes un homme perdu. *L'avenir est au général Cavaignac.* »

Le 15, le général continue de se poser en protecteur de l'Assemblée et en antagoniste de Louis-Napoléon. Son rôle se dessine.

Pendant ce temps a lieu l'enlèvement de M. Émile Thomas. L'affaire des ateliers nationaux grossit. Le ciel se charge. L'émeute gronde chaque soir dans Paris. La guerre civile est imminente. Elle sera terrible.

Le 22, la mine éclate. Les ateliers nationaux répandent dans les rues une inondation
de blouses. M. Trélat et la commission qu'il a
chargée d'élaborer un projet de conciliation,
par le travail, entre le prolétariat et les hautes
classes, sont réduits à l'impuissance par la
sous-commission des finances. M. de Falloux
a donné le signal de la Saint-Barthélemy des
ateliers nationaux.

Le peuple se lève : « Du travail ou du pain ! »
dit-il.

C'est ici qu'apparaît le chef militaire en-
trevu dans de récentes combinaisons. La faction existait ; le général était ministre de la
guerre ; il lui restait à peine un pas à faire,
ou plutôt il n'avait qu'à se laisser porter par
le flot des événements, par les complices de
sa fortune politique.

Il envisage sa situation avec beaucoup de
netteté, de tact et de sang-froid. — La lutte
s'engage plus avant entre la carrière et la
conviction. — Le 20, une ouverture décisive
a lieu ; mais le général conçoit l'avantage
qu'il y a pour lui à se renfermer dans un

rôle négatif. Il encourage la Commission exécutive à rester et fait vis-à-vis d'elle de l'obéissance passive.

A la Chambre, nul ne s'y trompe; on s'attend à l'avénement du chef militaire.

Le 22, à six heures du soir, MM. Ducoux, Latrade et Landrin se rendent auprès du général et lui demandent s'il accepterait le pouvoir dans le cas où la Commission exécutive se retirerait. *A ces conditions*, le général accepte.

Dès cet instant, il est fasciné.

Il ne s'agit donc plus que de faire déguerpir la Commission exécutive. La faction assaille sa porte jusqu'à minuit. Mais la Commission résiste. Elle ne veut pas, dit-elle, se retirer devant le danger. Tout ce que peut obtenir d'elle un des négociateurs, M. Martin (de Strasbourg), c'est qu'elle laisse au général Cavaignac le commandement exclusif de la force armée.

On voit que ce vieux navire désemparé, que ce débris du Gouvernement provisoire ne veut pas couler à fond ; mais il fait eau de toutes parts. Il suffit de ne pas lui porter secours. M. Cavaignac le sait bien.

Contrairement à l'usage, il refuse même de s'engager à donner sa démission avec la Commission exécutive dans le cas où elle se retirerait. Il ne veut pas se souvenir qu'il émane d'elle. Il sépare sa fortune de la sienne.

A deux heures du matin, M. Barthélemy Saint-Hilaire, au nom de la Commission, envoie le capitaine d'état-major de la garde nationale Avrillon porter un ordre au général Cavaignac. Cet ordre consiste à faire occuper la place du Panthéon à cinq heures du matin.

La place reste vide.

Sur divers points de Paris, le même fait se produit. On remarquait une singulière mollesse dans la répression.

Dans la journée, des explications entre la Commission et le général eurent lieu. M. Barthélemy Saint-Hilaire demandait compte de son ordre inexécuté. M. Cavaignac rejeta la faute sur le général Fouché, qui se défendit énergiquement [1].

[1] Blessé dans l'insurrection, ce général subit malgré cela une sorte de disgrâce.

M. Cavaignac, usant de son autorité de ministre de la guerre, lui imposa silence.

On discuta les moyens de combattre l'insurrection. Celui qui s'offrait le plus naturellement à l'esprit et qui s'accordait le mieux avec l'humanité consistait à disséminer la troupe de telle sorte qu'aucune barricade ne pût s'élever. La commission le proposa, s'appuyant sur l'avis du maréchal Bugeaud, qui avait jadis proposé ce plan comme le plus propre à étouffer toute insurrection à sa naissance.

Le général Cavaignac s'obstina à concentrer les troupes et à laisser grandir l'insurrection. Il s'emporta, disant qu'il se brûlerait la cervelle si une seule de ses compagnies était désarmée. On lui montra Paris couvert de barricades. « Que la garde nationale garde ses boutiques! » s'écria-t-il. On lui parla du sang qu'il faudrait verser ; il répondit comme s'il se fût agi de sang arabe et non de sang français.

M. de Lamartine faiblit. M. Ledru-Rollin insista encore et céda.

Le rappel battit. Les barricades montaient comme les vagues du déluge universel. La garde nationale ne voyait point de troupes. Elle se crut trahie par la Commission exécutive.

M. Cavaignac put entendre, dans la séance de neuf heures du matin, un chef de bataillon de la 11° légion déclarer que *le pays entier accusait la Commission exécutive de connivence.*

De quarante-trois mille hommes répartis dans Paris et la banlieue, il ne se trouva pas plus de *douze mille soldats de ligne* à Paris. La concentration ne se faisait pas.

Dans cette même journée, nous constatons encore entre M. Garnier-Pagès, resté un moment seul au Luxembourg, et le général Cavaignac, un conflit à propos d'ordres donnés et non exécutés.

Les troupes manquaient partout.

Le général devenait d'heure en heure plus rude dans ses paroles. Il dégarnissait de troupes le siége de la Commission au profit de l'Assemblée. Ses partisans déployaient beaucoup d'audace et d'activité. Ils répétaient le mot du moment : *Il faut en finir.*

Ce mot avait alors deux sens, comme une lame à deux tranchants, et le côté le mieux aiguisé regardait la Commission exécutive.

A deux heures, un nouvel assaut est donné à la Commission; elle résiste encore.

A trois heures, M. de Lamoricière, engagé rue du Temple, fait demander du renfort. Le général Cavaignac monte à cheval et exige qu'aucun ordre ne soit donné en son absence. Il reviendra, dit-il, dans une demi-heure.

Il revient au bout de *cinq heures*, après s'être obstiné à forcer une barricade du faubourg du Temple, comme il eût fait, général de brigade, dans les gorges de l'Atlas. « Je n'étais encore *que ministre de la guerre,* a-t-il dit depuis; j'avais le droit d'aller me faire tuer. » Et le commandement en chef?

Il ne devait y avoir d'autre tué que le pouvoir exécutif. *Quatre cents demandes de secours* étaient venues à la Commission. En l'absence du général, on n'avait pu donner d'ordres aux troupes. M. Marrast avait écrit douze fois. Il était de ceux qui criaient le plus haut : « *Nous sommes trahis !* »

— « *A bas la Commission exécutive !* » répétaient les dupes et les comparses.

M. Ledru-Rollin accueillit le général à son retour par de vifs reproches. Celui-ci resta trois quarts d'heures au siége de la Commission et remonta à cheval après avoir enfin donné à M. Martinprey l'ordre si longtemps attendu d'amener l'artillerie de Vincennes.

L'Assemblée était presque toujours en séance. A dix heures cinq minutes, le général donna des explications brèves et peu rassurantes. La terreur se glissait dans les bancs. L'intrigue répétait : « Il faut en finir; à bas la Commission exécutive ! »

A onze heures et demie du soir, un rapport optimiste de M. Garnier-Pagès refoula un peu la faction de M. Cavaignac.

A minuit, une voix sans nom au *Moniteur*, un conspirateur trop pressé, lâcha le mot suprême : *L'état de siége !* M. Degousée, qui avait donné lieu à cette incartade par un accès de fureur modérée contre la presse, répara cette faute.

Pendant ce temps, le général Cavaignac chevauchait dans Paris. Il revint à la présidence à deux heures du matin. « Général, quel est le nombre et la situation des troupes? » lui dit M. Ledru-Rollin. Le général répondit qu'en l'absence de M. Charras, sous-secrétaire d'État de la guerre, il ne pouvait répondre. La commission, très-agitée, renouvelait ses questions. « Je ne sais rien, » répliquait le général, qui voulait s'en aller.

On lui reprocha son absence presque continuelle et on le somma de répondre aux questions dejà posées. « Combien j'ai de troupes? s'écria-t-il avec impatience; mais, encore une fois, je vous dis que je n'en sais rien ! »

Il passa dans un cabinet contigu et alla dormir sur un canapé. Sur la demande pressante d'un officier d'état-major, M. Ledru-Rollin, qui avait continué de veiller, pria, vers quatre heures et demie du matin, le général de se lever. Il se rendit alors au ministère de la guerre pour s'informer enfin de l'état réel des troupes.

Restée seule, la Commission exécutive se vit bientôt assaillie. Un groupe ayant à sa tête M. Sénard et se disant l'interprète des réunions de la rue de Poitiers et du Palais-National, adjura la Commission de céder la place au général Cavaignac.

La Commission résista.

Les conspirateurs n'avaient plus d'autre ressource que l'Assemblée. Il s'agissait de la constituer en comité secret; on craignait les tribunes. Les conspirateurs convinrent de tenter le matin même ce coup de main sur les consciences. Il fallait quelqu'un pour attacher le grelot. M. Xavier Durrieu refusa. M. Pascal Duprat (nommé peu de jours après à un haut poste diplomatique) accepta.

Il y eut une petite conférence préparatoire avant l'ouverture de la séance entre M. Sénard, président de l'Assemblée, et le général. Il ne s'agissait pas de l'insurrection, mais de *combinaisons*. M. Pagnerre troubla cet entretien. La conversation ayant continué, M. Pagnerre protesta contre la dissolution de la commission exécutive, dont il était secrétaire. MM. Cavaignac et Sénard reprirent le thème des combinaisons. Le mot tomba même dans l'oreille de M. Garnier-Pagès, qui entrait. « Quant à vous, vous êtes naturellement de toutes les combinaisons, » s'écria vivement M. Sénard.

M. Garnier-Pagès ne fut pas dupe de cette parole.

Pendant ce marchandage, on s'égorgeait dans Paris.

M. Sénard était allé présider la Chambre, et le général rentra au siége de la commission. On lui représente qu'avec son fatal système les insurgés peuvent s'emparer de Paris. « S'ils sont maîtres de Paris, s'écrie M. Cavaignac, je me retirerai avec mon armée dans la plaine Saint-Denis ou dans la plaine des Vertus, et je les attendrai pour leur livrer bataille. — C'est fort bien, répliqua M. Arago; mais il n'est pas probable qu'ils vous y suivent. »

Il y eut une suspension de la séance de

l'Assemblée à neuf heures. La Commission fut encore envahie et attaquée à outrance. Le général était très-agité et très-impatient; il allait et venait à grands pas.

On prétend que durant cette nuit sa mère lui avait dit : « Tu seras digne de Godefroy si tu parviens à réprimer cette sédition aveugle et sacrilége. » Quelle étrange parole !

Tout à coup le général interrompt le bruit des conversations : « Que faites-vous ? vous délibérez encore ! Mais sachez donc qu'il ne s'agit pas d'une émeute : c'est une révolution qui s'accomplit. Paris entier est debout; avant deux heures les insurgés seront ici ! »

C'est la première fois qu'il parle ainsi. La faction recueille cette parole comme un signal et court semer la terreur dans l'Assemblée. M. Sénard croit l'heure venue d'enlever le projet de comité secret. « Plus de cinq membres, dit-il, réclament le comité secret. » Et il déclare que, conformément au règlement, les tribunes vont être évacuées.

MM. d'Aragon et Dupin engagent M. Sénard à mieux lire le règlement, qui ne contient rien de semblable.

La faction est obligée de marcher au grand jour.

C'est alors que M. Pascal Duprat, montant à la tribune, articula ces mots : « Je demande que l'Assemblée nationale rende le décret suivant : « Paris est mis en état de siége; tous les « pouvoirs sont concentrés dans les mains du « général Cavaignac. » MM. Larabit, Lagrange et Buvignier se récrient : « Nous, les victimes de l'état de siége en 1832, articule M. Germain Sarrut, nous protestons de toute l'énergie de notre conscience contre l'état de siége de 1848 ! » La faction mugit. Le vote est enlevé par assis et levé sans constatation de noms des votants [1]. A dix heures et demie, c'en était fait de la Commission exécutive.

Le général Cavaignac entreprit alors sérieusement de vaincre l'insurrection.

[1] Soixante membres votèrent contre ce décret. Nous regrettons que le défaut de place ne nous permette pas de les citer. Le nom du grand Lamennais y brille comme un phare qui guidera dans l'avenir la conscience de l'historien.

Entre ses mains, l'état de siége prit une extension singulière. Toute garantie individuelle cessa. Les neutres furent traités en ennemis. En moins de vingt-quatre heures, la dictature suspendit onze journaux. Quelques-uns méritaient ce traitement, d'autres ne le méritaient pas. Le massacre commença, sans bruit, aux seuls et sinistres applaudissements de quelques feuilles comme le *Constitutionnel* et la *Patrie*, feuilles dirigées d'ailleurs par des spéculateurs et non par des publicistes : le banquier Delamarre et l'industriel Véron.

Les gardes nationales de province, appelées à Paris plutôt par politique que par besoin, fondirent sur la capitale, comme sur une proie. Il semblait qu'à l'amour de l'ordre se mêlait quelque peu la haine du Parisien. La province se vengeait de la centralisation, et les amours-propres départementaux se baignèrent dans le sang.

Pour quiconque aime la France et songe à son développement dans l'avenir, il y a là un avertissement. La centralisation excessive n'est qu'un régime transitoire. Autant la centralisation politique nous paraît nécessaire à ce pays, autant la centralisation administrative lui est nuisible et paralyse l'action départementale.

Les proclamations de la dictature tendirent à insinuer aux gardes nationaux qu'ils versaient leur sang pour la liberté en même temps que pour leur fortune, aux soldats qu'ils marchaient contre des Cosaques, au prolétariat qu'on s'occupait de son sort. « Citoyens, disait M. Cavaignac, vous croyez vous battre dans l'intérêt des ouvriers, c'est contre eux que vous combattez, c'est sur eux seuls que retombera tant de sang versé. Si une pareille lutte pouvait se prolonger, il faudrait désespérer de l'avenir de la République, dont vous voulez tous assurer le triomphe irrévocable. Au nom de la patrie ensanglantée, au nom de la République que vous allez perdre, au nom du travail que vous demandez et qu'on ne vous a jamais refusé, trompez les espérances de nos ennemis communs, mettez bas vos armes fratricides, et comptez que le gouvernement, s'il n'ignore pas que dans vos rangs il y a des instigateurs criminels, sait aussi qu'il s'y trouve des frères qui ne sont qu'égarés et qu'il appelle dans les bras de la patrie [1]. »

La même pensée, la même image, se retrouvent dans une autre proclamation datée du même jour : « On vous dit que vous serez sacrifiés de sang-froid ! venez à nous, venez comme des frères repentants et soumis à la loi, et les bras de la République sont tout prêts à vous recevoir. »

Mais la République du général Cavaignac ressemblait à cet instrument de torture du moyen âge qui, lui aussi, portait un nom de femme, et dont les bras, en se refermant, broyaient celui qu'ils étreignaient.

Le prolétariat révolté se jeta dans les bras de la République, et fut broyé. La tuerie nocturne de la place du Carrousel, travestie par une presse complice ou épouvantée, cette page horrible qu'on dirait arrachée à quelque sanglant récit des vieux temps, ce mystère dont

[1] *Moniteur universel* du 26 juin 1848.

Véron, hier encore, par mensonge ou par ignorance, dénaturait les faits dans ses mémoires écrits en français de cuisine, ce mystère, dis-je, a laissé entrevoir une partie de la vérité[1].

Les ouvriers de Paris, dans leur langage violent et satirique, donnèrent au frère de Godefroy le nom de *boucher Cavaignac*.

Des scènes à dégoûter pour jamais de la politique et de l'espèce humaine ont déshonoré ce Paris de l'élégance, des beaux-arts et de la civilisation.

L'Assemblée, au prolétariat qui demandait la consécration d'un droit, répondait par l'octroi d'une aumône. La confusion des idées se mêlait à la confusion des partis.

On ne sentait la main du général Cavaignac que là où se portaient des coups. Il perdait la tête au point de laisser partir le saint archevêque de Paris pour la seule place où il devait être lui-même, la place de la conciliation.

Nous ne le suivrons pas plus loin sur ce terrain. La France sait comme nous ces men-

[1] Voir l'*Histoire de la seconde République française*.

teuses promesses faites aux vaincus, ces fusillades après la bataille, — que le général déclare lui-même n'avoir pu empêcher, — les
conseils de guerre, la transportation en masse,
la terreur bleue succédant à la terreur rouge
et à la terreur blanche, la presse confisquée,
en un mot le pouvoir, en France, précipité
dans cette politique à outrance dont il n'est
pas toujours possible de sortir.

Telle fut l'œuvre du général Cavaignac,
menant dans Paris, selon l'expression d'une
récente brochure, « *une guerre de sacri-
pant* [1]. »

Ce fut seulement au pouvoir qu'on put ju-
ger M. Cavaignac, encore inconnu en France.
Il fut aisé de s'apercevoir alors de son incapacité politique, des irrésolutions de son caractère et de son manque de convictions républicaines.

A la condition de fonder la République,
on lui eût pardonné la transportation, le bagne, les fusillades, la presse supprimée, les

[1] L'*Empire, c'est la paix*, par J.-A. Vaillant. Paris,
Dentu, 1856.

libertés publiques foulées aux pieds. Mais, quand on le vit choisir pour ministres des orléanistes comme MM. Dufaure et Vivien, délaisser la république de Venise implorant du secours aux termes du manifeste de M. de Lamartine; lorsqu'on le vit s'agenouiller, par l'entremise de M. de Falloux, devant le pape, afin d'attirer Pie IX ici et de jeter cet embarras sur la France; lorsqu'on fut bien certain que rien ne vibrait en lui pour la Pologne, pour la Hongrie, pour l'Italie, pour les Roumains; lorsqu'on le vit laisser égorger dans Bucharest les soldats du capitaine Zaganesco qui se levaient, comme pour dire à l'Europe entière, dès septembre 1848 : — C'est ici qu'est le véritable ennemi, le Russe! — on jugea l'homme à sa juste valeur. Et, malgré les efforts désespérés d'un cabinet dévoué à son élection, malgré l'ordonnance de non-lieu rendue en faveur de MM. Guizot et Duchâtel, sur le conseil de M. Portalis, malgré toutes les flatteries au parti conservateur, flatteries qui devenaient autant d'insultes envers la Révolution de février, malgré le zèle de M. Dufaure retardant le départ des courriers,—au 10 décembre, selon la foudroyante expression de M. de Chateaubriand, parlant du ministère Decazes, « les pieds lui ont glissé dans le sang! »

Avec ces incalculables moyens d'action que donne le pouvoir lorsqu'on y ajoute l'illégalité, le général Cavaignac obtint 1,448,107 voix.

Avec l'animadversion de l'Assemblée, le mauvais vouloir du ministère et des préfets, son compétiteur fut porté à la présidence par les suffrages de 5,834,226 électeurs.

Si le général Cavaignac manquait des connaissances économiques et administratives qui eussent été nécessaires pour démèler ce qu'il pouvait y avoir de praticable ou d'impraticable dans le programme socialiste, la question extérieure, du moins, lui restait. Il y avait deux manières de sauver la seconde République française : par la solution de la question intérieure ou par celle de l'extérieur. Le principe des nationalités s'était déjà fait jour d'une façon assez éclatante pour que le gouvernement de la République n'eût pas à balancer, et la question d'Orient, qui a coûté si cher depuis à la France, se dessinait assez clairement.

M. de Lamartine avait déclaré en mars 1848, dans son salon, qu'il « tournerait le dos à quiconque lui parlerait des Principautés. Il ne voyait pas, disait-il, l'intérêt que pouvait avoir la France à s'occuper des Slaves du Sud, des Hongrois et des Moldo-Valaques. »

M. Cavaignac n'en vit pas beaucoup plus. Quelques jours avant de quitter le ministère des affaires étrangères, M. Bastide disait à un employé supérieur du département : « Le général Cavaignac et moi, monsieur, nous avons compris, hélas! un peu tard, je l'avoue, que la question des Principautés *était une question...* Mais, ne nous eût-on demandé, pour la régler, que quatre hommes et un caporal, nous ne les aurions pas donnés, ne pouvant les distraire du devoir que tout soldat a à rendre au pays en présence des menées communistes. »

Étrange erreur! Confusion funeste! Pourquoi faut-il qu'un ministre des affaires étrangères aille s'occuper des deux mille sectaires de Cabet? Ces ministres n'auraient pas si cruellement pesé sur le prolétariat s'ils avaient pris plus de soin de ne pas mêler leurs attributions.

On s'explique aujourd'hui que les classes opulentes aient eu peur de la Révolution, lorsque ceux-là mêmes qui la faisaient en avaient peur eux-mêmes, lorsqu'ils évoquaient de pareils fantômes, et ne couraient pas au-devant des réalités. Mais alors ils étaient bien coupables de ne pas laisser le pouvoir à de plus éclairés, et de précipiter, par leur ignorance, tant de familles, tant de nations, dans un abîme de calamités!

Nous ne suivrons pas le général Cavaignac à travers les péripéties et les complots de la Législative. Dictateur faible et violent, il déploya pourtant en diverses circonstances à la tribune un remarquable talent d'orateur.

Là, c'est encore de la tactique; plus haut il faut du caractère.

Depuis les élections son étoile avait pâli, jusque dans le parlement. — En politique comme dans les régions tropicales, il n'y a presque pas de crépuscule. Un autre astre, parti, lui aussi, … contrées algériennes, éblouissait le parlement de l'éclat fulgurant de ses rayons. Le général Changarnier éclipsait le général Cavaignac.

Deux années s'écoulèrent dans un tel enchevêtrement d'intrigues, qu'une catastrophe, qu'elle vînt de côté ou d'autre, pouvait seule mettre fin à cette intolérable situation.

Un matin (Paris s'en souviendra longtemps), — c'était le 2 décembre 1851, — le jour tardif en cette saison n'avait pas encore blanchi les toits moroses. La ville entière dormait. Des troupes silencieuses se dirigeaient rapidement dans les divers quartiers de la ville.

Le coup d'État allait s'accomplir.

Il était cinq heures du matin; le général Cavaignac, qui demeurait à l'entre-sol d'une maison de la rue du Helder, au n° 17, est éveillé en sursaut. On frappe violemment à sa porte. Une femme attachée à son service répond que le général n'y est pas. Les coups redoublent. « Au nom de la loi, ouvrez! » s'écrie le commissaire de police. Le général refuse. On le menace d'enfoncer la porte ; il ouvre. « Vous êtes mon prisonnier! » s'écrie l'agent en se précipitant dans l'appartement, suivi de son escouade.

Le général est exaspéré. A la surprise a succédé la fureur. — Les personnes qui ont beaucoup fait arrêter ne comprennent pas qu'on les arrête. Ce retour de la fortune bouleverse leurs idées. Tant d'audace les confond.

Revenu à lui-même, le général Cavaignac s'habilla, reprit sa dignité, écrivit quelques mots et demanda où on le conduisait. — « A Mazas, » lui répondit-on.

On le mit en effet dans cette triste prison cellulaire, et peu après il fut transféré au fort de Ham.

Cette arrestation portait un triple coup au général Cavaignac : elle brisait sa carrière politique et militaire, et devait aussi l'inquiéter dans des espérances plus douces.

Au temps où les splendeurs du pouvoir éclairaient encore de ce reflet qu'elles laissent un instant derrière elle la personne du général Cavaignac, une jeune fille, appartenant à une honorable famille de la banque, mademoiselle Odier, conçut un sentiment d'admiration pour le dictateur militaire qui avait un instant tenu Paris sous son sabre. Cette admiration lui fit oublier l'âge du général. La République existait encore. Qui pouvait prévoir ce qu'elle réservait d'honneurs et de dignités dans l'avenir à un chef de parti qui avait pu réunir près d'un million et demi de suffrages?

De son côté, le général était loin de rester insensible à tant de grâce, de jeunesse et de beauté. Un mariage fut projeté. L'époque de sa célébration approchait quand survint le coup d'État.

Mademoiselle Odier et sa famille se conduisirent dans ces circonstances avec cette délicatesse qui distingue les belles âmes. Le premier soin de M. James Odier fut de solliciter pour sa femme et sa fille une autorisation de rendre visite au général. M. de Morny mettait beaucoup de dandysme dans la perpétration de cette terrible affaire. Il accorda l'autorisation demandée.

La consigne du château de Ham était sévère. Malgré l'autorisation du ministre de l'intérieur, madame et mademoiselle Odier ne furent admises qu'avec beaucoup de difficultés auprès du général. Le commandant du château ne leur accorda qu'une heure d'entrevue, sous l'œil d'un gardien. Dans deux nouvelles lettres à M. de Morny, M. James Odier le remercia de l'extrème bonté qu'il avait eue de permettre à sa femme et à sa fille de rendre visite à M. Cavaignac. Il demandait en outre qu'on autorisât le général à écrire à sa fiancée et à lui parler sans témoin.

Pour toute réponse, M. de Morny écrivit à madame Odier que le président de la République ne confondait pas M. Cavaignac avec les conspirateurs qui méditaient la ruine de son pouvoir, et qu'il verrait avec peine le mariage de mademoiselle Odier avec l'honorable général attristé par les murs d'une prison.

Madame Odier remit elle-même, le 17 décembre, au général son ordre de mise en liberté, ainsi que la lettre adressée à madame Odier.

Cet incident amena entre M. Cavaignac et

M. de Morny, l'échange des lettres suivantes.

« Monsieur le ministre,

« Madame Odier, bientôt ma belle-mère, me remet à l'instant l'ordre de ma mise en liberté. A cet ordre est jointe une lettre que vous lui avez adressée.

« Si M. le commandant du fort de Ham eût reçu l'ordre pur et simple de m'ouvrir les portes de cette prison, j'eusse purement et simplement aussi repris ma liberté, qui m'a été illégalement ravie ; mais l'ordre qui me concerne est accompagné d'une lettre que vous n'avez pu considérer comme une confidence, et qui devait naturellement m'être communiquée. Le commentaire qu'elle renferme, et les motifs qu'elle prête au pouvoir au nom duquel vous agissez, ne sont point de nature à être acceptés par moi.

« Certes, personne plus que moi n'a à souffrir et ne souffre des tristes débuts faits à mon union avec mademoiselle Odier ; mais je n'admets pas, elle n'admet pas elle-même, que cette considération soit celle qui doit me faire rendre à la liberté. Je dois sortir d'ici, monsieur le ministre, par un seul motif : c'est parce que je n'ai rien fait pour y être. Il ne dépend pas de moi d'être prisonnier malgré ceux qui m'ont illégalement arrêté; mais il dépend de moi, et il est de mon honneur, de n'accepter aucun compromis tacite avec mes obligations envers moi-même.

« En conséquence, monsieur le ministre, j'ai l'honneur de vous déclarer que je resterai ici jusqu'au vendredi soir, 29 du mois. A cette époque, je remettrai à M. le commandant l'ordre que je conserve. S'il n'en a pas reçu de contraire, je serai en droit de dire et de regarder comme reconnu par le gouvernement lui-même qu'ainsi que je le disais plus haut, je suis sorti de prison par cette seule raison qu'il n'y avait pas de motif légitime de m'y retenir.

« Recevez, etc.

« *Signé :* général CAVAIGNAC. »

« Général,

« Lorsque j'écris, c'est avec l'intention que

mes lettres soient lues seulement par les personnes à qui elles sont adressées.

« En transmettant à madame Odier l'ordre de votre mise en liberté, je n'ai eu d'autre but que d'être agréable à une famille que j'aime et que je respecte ; je n'ai pas songé à autre chose. Si je me suis laissé aller à parler des sentiments de M. le président de la République, c'est que (et vous le savez mieux que personne, général.) si les grands actes politiques qui ont pour but le salut d'un pays imposent parfois de dures nécessités, ils n'effacent pas les sentiments d'estime qu'on peut éprouver pour ses adversaires, et n'en interdisent pas l'expression.

« Vous comprendrez donc que je ne réponde pas à ce que vous me faites l'honneur de me dire sur l'illégalité de votre arrestation, et que je me borne à me féliciter que la date du 29, choisie par vous, soit si rapprochée.

« Veuillez recevoir, etc.

« *Signé :* A. DE MORNY. »

La cérémonie du mariage eut lieu peu de jours après.

Telle fut la fin du roman d'un brave général fourvoyé par un mauvais quart d'heure d'ambition et par des traditions de famille qui le jetèrent, sans foi républicaine, sans notions politiques, hors de sa vocation purement militaire. Le général Cavaignac n'a jamais porté en lui ce que Platon nomme la *République intérieure*. Il a manqué de caractère, de science et de conviction.

C'est le fait le plus important à consigner au point de vue historique et aussi au point de vue des intérêts démocratiques — Il y a tant d'illusions dans la démocratie ! — C'en serait une bien grande que de persister à voir un chef républicain dans un honorable général retraité [1], qui n'a plus à espérer en ce monde que du pardon et de l'oubli.

[1] Le général Cavaignac a été mis à la retraite sur sa demande le 20 janvier 1852.

PORTRAITS POLITIQUES AU XIXᵉ SIÈCLE

PAR HIPPOLYTE CASTILLE

En Vente

NAPOLÉON III	ALEXANDRE
Un volume in-32	Un volume in-32
LE	LA
GÉNÉRAL CAVAIGNAC	**DUCHESSE D'ORLÉ**
Un vol. in-32	Un vol. in-32

Sous Presse

LE MARQUIS DEL CARETTO

Ex-ministre du roi de Naples.

LISTE PROVISOIRE

FRANCE : **Drouin de l'Huys**

EMPIRE OTTOMAN : **Réchid-Pacha — Omer-Pacha,**

ANGLETERRE : **La reine Victoria — Palmerston,**

AUTRICHE : **Metternich — Fiquelmont,** etc.

(Voir le Prospectus)

CONDITIONS DE LA SOUSCRIPTION

Chaque volume de 64 pages in-32, *avec* ou *sans* un ou plu-
sieurs portraits et autographes :

PRIX { L'exemplaire. 43 c. 1/2 / Timbre 6   1/2 } **50 CENT.**

ON SOUSCRIT

Pour 12 Volumes	Pour 24 Volumes
Paris . . . . . . 6 fr.	Paris. . . . . . . 12 fr.
Province. . . . 7 50	Province. 15

DEUX VOLUMES CHAQUE MOIS

Adresser les mandats à M. FERD. SARTORIUS, 9, rue Mazari
au bureau du *Dictionnaire de la Conversation.*

PARIS. — IMP. SIMON RAÇON ET COMP., RUE D'ERFURTH, 1.

www.ingramcontent.com/pod-product-compliance
Lightning Source LLC
LaVergne TN
LVHW022318170726
843503LV00006B/2575